Igbo Vocabulary:
An Igbo Language Guide

Abazu Obia

Contents

PRONUNCIATION GUIDE

There are thirty-six (36) alphabets in Igbo language:

In capital letters:

A	B	CH	D	E	F	G	GB
GH	GW	H	I	Ị	J	K	KP
KW	L	M	N	Ñ	NW	NY	O
Ọ	P	R	S	SH	T	U	Ụ
V	W	Y	Z				

In small letters:

a	B	ch	d	e	f	g	gb
gh	gw	h	i	ị	j	k	kp
kw	L	m	n	ñ	nw	ny	o
ọ	P	r	s	sh	t	u	ụ
v	W	y	z				

These alphabets form the sound system of the Igbo language and, they are pronounced as they appear. For instance; /**kw**/ as in **Qu**een. The sound system is divided into two: Vowels (Ụdaume) and Consonants (Mgbochiume). The vowels give sounds to the consonants hence, they bear the tone marks.

Vowels (Ụdaume)

The vowels are pronounced without holding a breath. The sounds are produced without "clapping" any of the organs of speech together. This means that the vowel sounds are made with ease. Marking the vowels help in differentiating the tones. There are three (3) major tone markers;

- High tone (akara enu) represented by (´)
- Low tone (akara ala) represented by (`)
- Flat tone (akara nsuda) represented by (¯)

1

There are eight (8) vowels in Igbo language:

Vowels	Transliteration	Example with markers
/a/	as in "ark"	áká (hand)
/e/	as in "egg"	égbé(eagle)
/i/	as in "seat"	ìkó(cup)
/ị/	as in "inn"	íbà (malaria)
/o/	as in "old"	ódō (mortar)
/ọ/	as in "urn"	ógò(in-law)
/u/	as in "good"	ùdù (clay pot)
/ụ/	as in "owl"	útá(catapult)

Consonants (Mgbochiume)

The consonants are pronounced with emphasis on the nasal and oral cavity. They are not easily pronounced as the vowels. These consonants do not have a sound of their own so they rely on the tones made from the vowels. Therefore, they do not have tone marks. There are twenty-eight (28) consonants in Igbo language:

Consonants	Transliterations	Examples
/b/	as in "bag"	bọọlụ (ball)
/ch/	as in "church"	chere! (wait!)
/d/	as in "deer"	dinta (hunter)
/f/	as in "philip"	afọ (year)
/g/	as in "girl"	ginwa (you)
/gb/	gb is an explosive sound made with the upper and lower lip that is not found in english. pronounce it by making the 'b' sound while shaping the mouth for 'g'	égbé (eagle)

Consonants	Transliterations	Examples
/gh/	as in "**ye**arn"	aghughọ (deception)
/gw/	as in "**gw**en"	agwọ (snake)
/h/	as in "**h**ymn"	họpụta (to select)
/j/	as in "**j**ob"	ajụjụ (question)
/k/	as in "**k**ennel"	akụkọ (story)
/kp/	**kp** is not an english sound, but here 'p' sound is made while shaping the mouth for a 'k'	akpa (bag)
/kw/	as in "**qu**een"	akwụkwọ (book)
/l/	as in "**l**inger"	àlà (land)
/m/	as in "**m**ean"	mma (beauty)
/n/	as in "**n**eedle"	nnenye (to give)
/ñ/	as in "**y**oung"	añụrị (joy)
/nw/	as in "**w**ench"	anwu (mosquito)
/ny/	as in "**g**ong"	anya (eye)
/p/	as in "**p**ier"	apa (scar)
/r/	as in "**r**ead"	ara (madness)
/s/	as in "**s**eal"	asịrị (gossip)
/sh/	as in "**sh**abby"	ashawo (prostitute)
/t/	as in "**t**ea"	ụtarị (cane)
/v/	as in "**v**ulture"	mvọ (fingernail)
/w/	as in "**wh**im"	mwunye (to pour-in)
/y/	as in "**y**arn"	ya (him/her – indicates the other person)
/z/	as in "**z**it"	zapu (to decant/to sweep off)

In Igbo language, some words have the same spelling but different meaning. The tone marks are used often to differentiate the meaning of these words. Examples are:

Words	Pronunciations	Meanings
akwa	ákwà	Cloth
	ákwá	Cry
	àkwà	Bed
		Egg
ịga	ígà	Chain
	ígā	"to go"
egbe	égbé égbè	Eagle
		Gun
enyi	ényì	Friend
	ényí	Elephant

Also, different words can be used to illustrate one item/idea/event. For instance,

Good Morning is expressed as: Ụtụtụ Ọma

Ịbọọla Chi

Ịsaala Chi

Ịteela Ụra

1) Measurement
1) Mmeshọ

acre
ácrè

area
árèà

case
cásìì

centimeter
cēntímítà

cup
ìkó

dash
njìkō

degree
dígríí

depth
déptù

digit

dígítí

---

dozen

ìrí na àbùó

---

foot

fóótù

---

gallon

gálōnù

---

gram

grámù

---

height

háítì

---

huge

nnúkwɵu

---

inch

ínchì

---

kilometer

kìlómítà

---

length

léntì

---

liter

lítà

---

little

óbéré

---

measure

mméshò

---

meter

mítà

---

mile

máílì

---

minute

nkèjí

---

miniature

ntàkírí

---

ounce

óns

---

perimeter

Pérímítà

---

pint

píntì

---

pound

páwùndù

quart

kwátì

ruler

rúlà

scale

skélù

small

óbéré

tablespoon

ngàzì-nrí

teaspoon

óbéré ngàzì

ton

tón

unit

yúnìtì

volume

vólùmù

weigh

nhà

weight

nhà íbù

width

wítì

yard

yádì

Time
Oge

What time is it?

kedụ ịhe na-akụ?

It's 1:00 AM/PM

Ọ bụ elekere mbụ nke ụtụtụ/ nke ehihie

It's 2:00 AM/PM

Ọ bụ elekere abụọ nke ụtụtụ/ nke ehihie

It's 3:00 AM/PM

Ọ bụ elekere atọ nke ụtụtụ/ nke ehihie

It's 4:00 AM/PM

Ọ bụ elekere anọ nke ụtụtụ/ nke mgbede

It's 5:00 AM/PM

Ọ bụ elekere ise nke ụtụtụ/ nke mgbede

It's 6:00 AM/PM

Ọ bụ elekere isii nke ụtụtụ/ nke mgbede

It's 7:00 AM/PM

Ọ bụ elekere asaa nke ụtụtụ/ nke abalị

It's 8:00 AM/PM

Ọ bụ elekere asatọ nke ụtụtụ/ nke abalị

It's 9:00 AM/PM

Ọ bụ elekere iteghete nke ụtụtụ/ nke abalị

It's 10:00 AM/PM

Ọ bụ elekere iri nke ụtụtụ/ nke abalị

It's 11:00 AM/PM

Ọ bụ elekere iri na otu nke ụtụtụ/ nke abalị

It's 12:00 AM/PM

Ọ bụ elekere iri na abụọ nke ụtụtụ/ nke ehihie

in the morning

n'ụtụtụ

in the afternoon

n'ehihie

in the evening

na-mgbede

---

at night

n'abalị

---

afternoon

ehihie

---

annual

kwa-afọ

---

calendar

kalenda

---

daytime

oge ubochị

---

decade

afọ iri

---

evening

mgbede

---

hour

elekere/awa

---

midnight

etiti-abalị

---

minute

mkpịlịkpị oge

morning

ụtụtụ

month

ọnwa

night

abalị

nighttime

oge abalị

noon

ehihie

now

kịta

o'clock

elekere

past

oge gara-aga

present

ugbua

second

nkeji

---

sunrise

ọwụwa anyanwu

---

sunset

ọdịda anyanwu

---

today

tata

---

tonight

abalị a

---

tomorrow

echi

---

watch

nche

---

week

izu

---

year

afọ

---

yesterday

ụnyahu

Months of the Year
Ọnwa dị na afọ

January

ọnwa mbụ/jenụarị

February

ọnwa abụọ/febụarị

March

ọnwa atọ/machị

April

ọnwa anọ/eprelu

May

ọnwa ise/mee

June

ọnwa isii/junu

July

ọnwa asaa/julaị

August

ọnwa asatọ/ọgọsutu

September

ọnwa iteghete/seputemba

October

ọnwa iri/okutoba

November

ọnwa iri na otu/nọvemba

December

ọnwa iri na abụọ/disemba

Days of the Week
Ụbọchị dị na izu

Monday

mọndè

Tuesday

tusudè

Wednesday

wenezdè

Thursday

tọzdeè

Friday

fraịdeè

Saturday

satudèe

Sunday

ụbọchị ụka

Seasons
Oge

winter

Ọkọchì

spring

mbido ùdù mmiri

summer

ùdù mmiri

fall/autumn

mbido ọkọchì

Numbers
Onụọgụgụ

One (1)

ótù

Two (2)

abụọ

Three (3)

atọ

Four (4)

anọ

Five (5)

ise

Six (6)

isii

Seven (7)

asaa

Eight (8)

asatọ

Nine (9)

Iteghete/itoolu

Ten (10)

iri

Eleven (11)

iri na otu

Twelve (12)

iri na abụọ

Twenty (20)

iri abụọ

Fifty (50)

iri ise

Hundred (100)

otu narị

Thousand (1000)

otu puku

Ten Thousand (10,000)

puku iri

One Hundred Thousand (100,000)

puku narị

Million (1,000,000)

nde

Billion (1,000,000,000)

ijeri

Ordinal numbers
Onụọgụgụ

first

Nke mbu

second

Nke abụọ

third

Nke atọ

---

fourth

Nke anọ

---

fifth

Nke ise

---

sixth

Nke isii

---

seventh

Nke asaa

---

eighth

Nke asatọ

---

ninth

Nke iteghete/itoolu

---

tenth

Nke iri

---

eleventh

Nke iri na otu

---

twelfth

Nke iri na abụọ

---

thirteenth

Nke iri na atọ

twentieth

Nke iri abụọ

twenty-first

Nke iri abụọ na otu

hundredth

Nke narị

thousandth

Nke puku

millionth

Nke nde

billionth

Nke ijeri

Geometric shapes
Ụdị

angle

angụlu

circle

okirikiri

cone

konu

---

cube

kiubu

---

cylinder

ṣịlịnda

---

heart

óbì

---

heptagon

heptagọnụ

---

hexagon

hezagọnụ

---

line

linụ

---

octagon

oktagọnụ

---

oval

ovalụ

---

parallel lines

paralelụ linụ

---

pentagon

pentagọnụ

perpendicular lines

pependịkụla linụ

polygon

poligọnụ

pyramid

pịramidi

rectangle

rektangụlụ

rhombus

rombusu

square

skwuare

star

kpakpando

trapezoid

trapezọidị

triangle

triangụlụ

vortex

vọtez

Color
Ụcha

beige

anwu-anwu

black

oji

blue

anunu

brown

nchara

fuchsia

Uhie-uhie

gray

ntu-ntu

green

ndu-ndu

indigo

Ododo-ocha

maroon

Mme-oji

navy blue

Anunu-ojii

orange

mmanu-mmanu

pink

uhie-ọcha

purple

ododo

red

mme-mme/obara-obara

silver

ọla-ọcha

tan

Nchara-ojii

teal

akwụkwọ ndu-ojii

turquoise

Anunu-ocha

violet

Ododo-ocha

white

ọcha

yellow

edo

Related verbs
Ngwaa

to add

ịgbakwunye

to change

ịgbanwe

to check

ịnyocha

to color

ịgba ụcha ịhe

to count

ịgu ọnu

to divide

ịme nkewa

to figure/to understand

ịghọta

to fill

ịgbaju

to guess

ịkọta ịhe

to measure

ịlele sị

to multiply

ịme mgbakwunye

to subtract

ịme nwepu

to take

ịwere ịhe

to tell time

ịkwu ịhe n'akụ

to verify

ịchọputa

to watch

ịlele

2) Weather
2) Udịdị-ubọchị

air

ikuku

---

air pollution

mmetọ-ikuku

---

atmosphere

mbara-igwe

---

avalanche

avalanchi

---

barometer

baromita

---

barometric pressure

ọkwụkwa nke Baromita

---

blizzard

oke-ikuku snow

---

breeze

Ikuku oyi

---

climate

Ihu-igwe

cloud

urukpu

cold

oyi

cold front

Ihu-oyi

condensation

odide

cool

njuoyi

cyclone

saiklonu

degree

dígríí

depression

dipreshọnụ

dew

igirigi

dew point

ebe igirigi

---

downpour

Nnukwu mmiri ozuzo

---

drift

mbughari ikuku/mmiri

---

drizzle

ntusisi mmiri

---

drought

Unwu

---

dry

ikpo nku

---

dust devil

Aja ekwensu

---

duststorm

Aja oke-ifufe

---

easterly wind

Ifufe /ikuku nke easta

---

evaporation

mmiko

---

eye of the storm

Anya nke oke-ifufe

fair

dị mma/ọcha

fall

Odịda

flash flood

mmịri idei

flood

Iju mmịri

flood stage

Ogbo iju mmịri

flurries (snow)

snoo

fog

fọọgụ

forecast

ámúmá

freeze

mkpọkụ-oyi

freezing rain

Mmiri ozizo nke mkpọkụ-oyi

front (cold/hot)

Ihu (oyi/ọku)

frost

Ntu-oyi

funnel cloud

Urukpu nke fọnelụ

global warming

okpomọkụ gburugburu ụwa

gust of wind

Nnupu nke ikuku/ ifufe

hail

Mkpuru mmiri

haze

Anwuru ọkụ

heat

okpomọkụ

heat index

Indez nke okpomọkụ

heat wave

*Oge oke **okpomoku** / anwu*

high

*el**u***

humid

*Ir**u** mm**i**ri*

humidity

*Ir**u** mmiri*

hurricane

Oke ifufe

ice

áìsì

ice crystals

Ókpurukpu áìsì

ice storm

Oke-ifufe nke áìsì

icicle

áìsìkùlù

jet stream

Jétì strímù

landfall

ọdida-ala

lightning

àmùmà

low

ala

low pressure system

Sisitemu nke ala ọkwụkwa

meteorologist

ọka mmụta banyere mbara-igwe

meteorology

mmụta banyere mbara-igwe

microburst

maikrobụstu

mist

alụlụ

moisture

Mmiri-mmiri

monsoon

Udu mmiri

muggy

Ide-ede

nor'easter

Nor'ista

normal

Nke dabara

outlook

udịdị

overcast

keiwụba/ndaba

ozone

ozonu

partly cloudy

ndịchalụ urukpu

polar

pola

pollutant

ịhe mmetọ

precipitation

ọdịda

pressure

ọkwụkwa

---

radar

reida

---

radiation

radieshonụ

---

rain

Mmiri-ozuzo

---

rainbow

egwurugwu

---

rain gauge

Nlele mmiri-ozuzo

---

relative humidity

Ikwu iru-mmiri

---

sandstorm

Oke-ifufe aja

---

season

oge

---

shower

wụsa

---

sky
Mbara-igwe

sleet
Mkpuru-mmiri

slush
sloshi

smog
smogu

smoke
Anwuru-oku

snow
snoo

snowfall
odida snoo

snowflake
Iberibe snoo

snow flurry
mkpirisi snoo

snow shower
mwusa snoo

snowstorm

Oke-ifufe snoo

spring

mbido ùdù mmiri

storm

Oke-ifufe

storm surge

Mbuli oke-ifufe

stratosphere

stratosfee

summer

ùdù mmiri

sunrise

ọwụwa anyanwu

sunset

ọdịda anyanwu

supercell

supáselu

surge

mbuli

swell

òkùko

temperature

tempụrechọ

thaw

gbazee

thermal

témalu

thermometer

temometa

thunder

Egbe-igwe

thunderstorm

Oke-ifụfe egbeigwe

tornado

tọnado

trace

chọpụta/ọbere

tropical

trọpịkalu

tropical depression

depreshọnụ nke trọpịkalu

tropical storm

Oke-ifufe nke trọpịkalu

turbulence

tọbụlensị

twister

tuwịsta

typhoon

tyfoonu

unstable

atụkwasịghị obi

visibility

mpụta ìhè

vortex

vọtez

warm

okpomọkụ

warning

ịdọ aka na ntị

watch

nlele

---

weather

udịdị-ubọchị

---

weather pattern

Usoro udịdị-ubọchị

---

weather report

Mkpesa banyere udịdị-ubọchị

---

weather satellite

satịlaiti nke udịdị-ubọchị

---

westerly wind

Ifufe/ ikuku sitere na westị

---

whirlwind

Nnukwu ajọ ikuku

---

wind

Ifufe/ ikuku

---

wind chill

Oyi ikuku /ifufe

---

winter

ọkọchị

Related verb
Ngwaa

to blow

ífù ịhe

---

to clear up

ịkpochapụ ịhe/ịkọwa ịhe nke ọma

---

to cool down

ịjụ oyi

---

to drizzle

itusisi

---

to feel

ịnwe mmetuta

---

to forecast

Ibu ámúmá

---

to hail

ítò

---

to rain

Ozuzo mmiri

---

to report

ịme mkpesa

---

to shine

ịchakee

to snow

ọdịda snoo

to storm

Oke-ifufe kuo

to warm up

Mmesapu-ahụ

to watch

ịlelee

3) People
3) Ndị mmadụ

athlete

ọnye na-esonye na egwuregwu

baby

Nwa

boy

ọbere nwa nwoke

boyfriend

Enyi nwoke

brother

Nwanne nwoke

brother-in-law

ọgọ nwanne nwoke

businessman

Nwoke na azu-ahia

candidate

ọnye na-ele ule

child/children

Nwa/Nwata/umuaka

coach

ọnye nkuzi

cousin

Nwa nwanne nna/nne

customer

ọnye bịara azumahịa

daughter

Nwa nwanyị

daughter-in-law

ọgọ nwa nwanyị

driver

ọnye na-anya ugbọ-ala

family

Ezi-na-ụlọ

farmer

ọnye na-akọ ugbo

father/dad

nna

father-in-law

Nna di/nwunye

female

nwanyị

friend

ényì

girl

nwanyị

girlfriend

Enyi nwanyị

godparents

Ndi mutara na mmiri-chukwu

grandchildren

Umu umu

granddaughter

nwa nwa nwanyị

grandfather

Nna nna/nne

grandmother

Nne nne/nna

grandparents

Ndi mutara nne/nna

grandson

nwa nwa nwoke

husband

di

instructor

ọnye nkuzi

kid

Nwa/nwata/nwatakiri

king

eze

male

nwoke

man

Okenye nwoke

mother/mom

nne

mother-in-law

Nne nwunye/di

nephew

nwa nwoke nwanne

niece

Nwa nwanyị nwanne

parent

Nne na nna

people

ndị mmadụ

princess

Ada-eze

queen

ezenwanyị

rock star

ọnye na eti egwu rọọku na ewu-ewu

sister

Nwanne nwanyị

sister-in-law

ọgọ nwa nne nwanyị

son

Nwa nwoke

son-in-law

ọgọ nwoke

---

student

Nwata akwụkwọ

---

teenager

Nwa na-etozubeghị etozu

---

tourist

ọnye njem nleta

---

wife

Nwunye

---

woman

nwanyị

---

youth

ọnye na eto-eto

Characteristics
Njirimara

attractive

ịdị ụtọ n'anya

---

bald

nkwọcha isi

---

beard

ajị afụ-ọnụ

beautiful

ịma mma

black hair

Ntutu-isi ojii

blind

íkpù-ìsì

blond

ọcha bara-bara

blue eyes

Anya na-acha ka anụnụ

brown eyes

Anya na-acha ka nchara

brown hair

Ntutu-isi na-acha ka nchara

brunette

Ntutu-isi na-achalu nchara na oji

curly hair

Ntutu-isi gbakọrọ-agbakọ

dark

ịdị ojị

---

deaf

nkpọchi-ntị

---

divorced

ịgba-alụkwaghị m

---

elderly

Okenye

---

fair (skin)

ịdị ọcha

---

fat

ibu

---

gray hair

Isi awọ

---

green eyes

Anya na-acha ka akwụkwọ ndụ

---

handsome

Mma nwoke

---

hazel eyes

Anya házel

---

heavyset

Ahu odido

light brown

nchatu nchara

long hair

Ogologo ntutu

married

Ilu di/nwunye

mustache

aji egbugbere-ọnụ

old

Ochie

olive

nchatu akwụkwọ ndụ

overweight

Ibufe-ibu

pale

enweghị ọbara ọsụma

petite

Etoghi ogo

plump

įnwe ahụ

pregnant

įdį ime

red head

ísí mme-mme

short

ọbere

short hair

ọbere ntutu

skinny

įnwe gírígírí ahụ

slim

įnwe ọbere ahụ

stocky

ọnye juru-eju

straight hair

Ntutu gbatịrị-agbatị

tall

ogologo

tanned

ịdị tánu

thin

ịnwe ntakịrị ahụ

wavy hair

Ntutu-isi nwere ọbere mgbakọ

well built

ahụ zuru-ezu

white

ọcha

young

ọnye na eto-eto

Stages of life
Nkebi nke ndụ

adolescence

Oge mmalite okorobia/agbọghọbịa

adult

okenye

anniversary

Ncheta mmemme

birth

ịmụ-nwa

death

ọnwụ

divorce

Mgbasa di na nwunye

elderly

okenye

graduation

Ngụcha akwụkwọ

infant

ọbere nwa

marriage

alụm di na nwunye

middle aged

N'etiti agadi

newborn

Nwa amuru ọhụrụ

preschooler

Nwa ka na-ebido akwụkwọ

preteen

Nwa agbabeghị afọ iri

senior citizen

agadi

teenager

Nwa na-etozubeghị etozu

toddler

Nwa na egbe-igbe

tween

Nwa na-erubeghị afọ iri na atọ

young adult

Okenye na eto-eto

youth

ọnye na eto-eto

Religion
Nkwenye

Atheist/Agnostic

ọnye ekweghị na Chukwu

Baha'i

Nkwenye nke Baha'i

Buddhist

ọnye na-eso uzọ na nkuzi Buddha

Christian

ọnye otu Kristị

Hindu

Uka bidoro na India

Jewish

ndị ekweghị na Kristị

Muslim

ndị na-eso uzọ ọnye amụma Mụhamed

Sikh

Nkwenye n'nkuzi nke Guru

Work
Ọrụ

accountant

ọruu akwụkwọ ego

actor

Nwoke omee njije

associate

ọnye otu

astronaut

astronọọtụ

banker

ọnye na-arụ na ụlọ ọba ego

butcher

ọnye na-egbu anụ

carpenter

ọkuu ntu

chef

Osi nri

clerk

Odee-akwụkwọ

composer

ọnye na-ede egwu

custodian

ọnye nchekwa

dentist

ọnye na-ahụ maka eze

doctor

ọnye nlekọta ahụ ike

electrician

ọnye na-edozi ọku latriiki

executive

ọnye isi

farmer

ọnye na-arụ ọrụ ugbo

fireman

ọnye na-emenyu ọku ọgbugba

handyman

ọnye ndozi

judge

ọnye ọma ikpe

landscaper

landskapa

lawyer

ọnye ọka ikpe

librarian

ọnye nlekọta ọba akwụkwọ

manager

ọnye njikwa

model

ọnye nlereanya

notary

notarị

nurse

nọọsụ

optician

ọnye na-ahụ maka anya

pharmacist

ọnye gụrụ maka ọgwụ

pilot

ọnye na-anya ụgbọ-elu

policeman

ọnye uwe ojii

preacher

ọnye oziọma

president

ọnye isi ala

representative

ọnye nnọchite anya

scientist

ọnye na-achọputa ịhe ọhụrụ banyere sayensị

secretary

Ode-akwụkwọ

singer

ọnye na-agụ egwu

soldier

ọnye na-anu agha

teacher

ọnye nkuzi

technician

ọnye ọrụ aka

treasurer

odebe ego

writer

ọnye na-ede akwụkwọ

zoologist

ọnye gụrụ akwụkwọ banyere umu anumanu

Related verb
Ngwaa

to deliver

ịnapụta

---

to enjoy

ịnwe obi añụrị

---

to grow

Ito-eto

---

to laugh

ịchị-ọchị

---

to love

ịfụ n'anya

---

to make

ịrụ ịhe

---

to manage

Ijikwa ịhe

---

to repair

Idozi ịhe

---

to serve

ịgba odibo

---

to sing

ịgụ egwu

to smile

ịchị ọchị

to talk

Ikwu okwu

to think

ịche echiche

to work

ịru-ọrụ

to work at

ịru-ọrụ na

to work for

ịru-ọrụ maka

to work on

ịru-ọrụ n'

to worship

ịfe ofufe

to write

ịde ịhe

4) Parts of the body
4) Akụkụ ahụ

ankle

nkwekọ-úkwụ

arm

Ihu-aka

back

azụ

beard

ajị afu-ónụ

belly

áfọ

blood

ọbara

body

ahụ

bone

ọkpukpu

brain

uburu

---

breast

ara

---

buttocks

íke

---

calf

ọbere mpata-úkwụ

---

cheek

ntì

---

chest

ugwulukwu

---

chin

agba

---

ear

ntị

---

elbow

Nkù-aka

---

eye

anya

---

eyebrow

Nkù-anya

eyelash

Okukoro-anya

face

íhú

finger

mkpịsị-aka

finger nail

mbọ mkpịsị-aka

fist

Aka ọkpọ

flesh

anụ-ahụ

foot/feet

Okpuru-úkwụ

forearm

ísí-aka

forehead

Egedege-ihu

hair

Ntutu-isi

hand

aka

head

ísí

heart

óbì

heel

Azu Okpuru-úkwụ

hip

Úkwù

jaw

ọkpukpu-agba

knee

ikpere

leg

úkwú

lips

egbugbere-ònụ

moustache

ajị egbugbere-ònụ

---

mouth

ónụ

---

muscle

akwara

---

nail

mbọ

---

neck

ónú

---

nose

ími

---

nostril

ọnụ-ími

---

palm

ọbọ-áka

---

shin

Egedege-úkwụ

---

shoulder

úbú

---

skin

anụ-ahụ

spine

ọkpukpu-azu

stomach

áfọ

teeth/tooth

ézè

thigh

Mpáta-úkwú

throat

akpịrị

thumb

mkpịsị-áká

toe

mkpịsị-úkwú

toenail

mbọ-úkwú

tongue

íré

underarm

ábù

waist

úkwù

wrist

nkwekọ áka

Related verb
Ngwaa

to exercise

ịme mgbatị-ahụ

to feel

ịnwe mmetuta

to hear

ịnụụ

to see

ịfụụ

to smell

ísì-ísì

to taste

ịdetu n'ire

to touch

ịmetụ-aka

5) Animals
5) Anụmanụ

alligator

ọba

anteater

Ori-aruru

antelope

mgbada

ape

ọzọdimgba

armadillo

amadilo

baboon

adaka

bat

usu

bear

Béa

beaver

Bἰva

bison

bisǫnu

bobcat

bǫbukati

camel

ịnyịnya-ǫzara

caribou

karịbǫu

cat

Mbɑla/nwolog bo

chameleon

ogwumagana

cheetah

aguogbu

chipmunk

chipumǫnku

cougar

kuga

cow

ehi

coyote

kayote

crocodile

agụ-iyi

deer

ele

dinosaur

dainosoo

dog

nkịta

donkey

ịnyịnya-ibu

elephant

ényí

emu

ému

ferret

fereti

fox

Mbala ọhịa /nwologbo ọhịa

frog

mbara

gerbil

gebịlu

giraffe

girraafu

goat

ewu

gorilla

uzontuzo

groundhog

òke-ezi

guinea pig

Oke oyibo

hamster

uze

hedgehog

hejihọgu

hippopotamus

Enyi-mmiri

horse

ịnyịnya

iguana

Ngwere-aghụ

kangaroo

kangaro

lemur

lemọ

leopard

ọdụm

lion

agụ

lizard

ngwere

llama

lláma

meerkat

mịịkati

mouse/mice

oke

---

mole

molu

---

monkey

enwe

---

moose

moosu

---

mouse

oke

---

otter

ọta

---

panda

pánda

---

panther

pánta

---

pig

ezi

---

platypus

plátịpusu

---

polar bear

Pọla béa

porcupine

pọkụpainu

rabbit

ewi

raccoon

rakoonu

rat

nkakwụ

rhinoceros

rịnocherọsu

sheep

aturu

skunk

skọnku

sloth

slọtu

snake

agwọ

squirrel

ọsa

tiger

agụ

toad

awọ

turtle

Mbe-mmiri

walrus

walrọsu

warthog

Ezi ọhịa

weasel

wịzụlu

wolf

nkịta-ọhịa

zebra

zíbura

Birds
Nnụnụ

canary

kanarị

---

chicken

ọkụkọ

---

crow

ọkwa

---

dove

nduru

---

duck

ọbọgwụ

---

eagle

ugo

---

falcon

agụ nkwọ

---

flamingo

flámịngo

---

goose

ọgazị

---

hawk

egbe

hummingbird

Nnunu egwu

ostrich

Enyi nnunu

owl

ikwikwi

parrot

ichoku

peacock

piikọkụ

pelican

pelikanu

pheasant

fiizanti

pigeon

pijinu

robin

rọbịnu

rooster

okeọkpa

---

sparrow

nza

---

swan

suwanu

---

turkey

torotoro

Water/Ocean/Beach
Mmiri

bass

azụ bazi

---

catfish

azụ okpo

---

clam

nkọm

---

crab

nshịkọ

---

goldfish

azụ ozuzu

jellyfish

azụ jeli

---

lobster

oporo

---

mussel

mọselu

---

oyster

ọyista

---

salmon

salmọnu

---

shark

shaaki

---

trout

trautu

---

tuna

tuuna

---

whale

welù

Insects
Aṛụrụ

ant

arụrụ

---

bee

anwụ

---

beetle

ebe

---

butterfly

okukorobụba

---

cockroach

ọchịcha

---

dragonfly

Ijiji dragọnu

---

earthworm

idide

---

flea

igwu

---

fly

ijiji

---

gnat

anwụnta

grasshopper

ụkpana

ladybug

chinchi

moth

mọtụ

mosquito

anwụnta

spider

ududo

wasp

obu

Related verb
Ngwaa

to eat

Iri

to bark

ịgbọ-ụja

to chase

ịchụ

to feed

ịnye

to hibernate

ịnọgharị/ inakpu

to hunt

ịchụ nta

to move

ịnọgharị

to perch

ịbekwasị

to prey

ịchụgharị

to run

ịgba-ọsọ

to swim

Igwu mmiri

to wag

ịfeghari

to walk

ịgaghari

6) Plant and Trees
6) Osisi mmịta na Ukwu osisi

acacia

akeshịa

acorn

akọnu

annual

Kwa afọ

apple tree

ukwu osisi apụlu

bamboo

achara

bark

azụ ukwu osisi

bean

agwa

berry

berị

birch

bechị

---

blossom

blozọmu

---

branch

ngalaba

---

brush

ogbo

---

bud

Ntopute osisi

---

bulb

bọlbụ

---

bush

Nnukwu ọhịa

---

cabbage

Kabeji

---

cactus

Ifuru ogwu

---

carnation

arịara

---

cedar

sida

cherry tree

ukwu osisi cheri

chestnut

chestnotu

corn

oka

cypress

sipressi

deciduous

odaa opue

dogwood

Osisi nkita

eucalyptus

yukaliptusu

evergreen

anwu-anwu

fern

fenu

fertilizer

fetịlaiza

fir

fe

flower

ifuru

foliage

fọlịeji

forest

ọhịa

fruit

mkpụrụ osisi

garden

ogige

ginko

jịnko

grain

ọka

grass

ahịhịa

hay

ahịhịa ụnọ anụ

herb

ahịhịa ọgwụ

hickory

hikọrị

ivy

Aivi

juniper

junipa

kudzu

kuzu

leaf/leaves

abụba osisi

lettuce

letusu

lily

lịlị

magnolia

magnolịa

maple tree

ukwu osisi mapụlu

moss

mọsụ

nut

nọtụ

oak

ooku

palm tree

Ukwu akwụ

pine cone

paịnu konu

pine tree

ukwu osisi paịnu

plant

Osiso mmịta

peach tree

ukwu osisi piichi

pear tree

Ukwu ube

petal

petalụ

poison ivy

Aivi nsi

pollen

mkpụrụ ifuru

pumpkin

mkpụrụ ụgụ

root

anaka

roses

Ifuru mme

sage

seji

sap

Mmiri ukwu osisi

seed

mkpụrụ osisi

shrub

ọbere ukwu osisi

squash

anyụ

soil

Aja-ala

stem

stemụ

thorn

ogwu

tree

ukwu osisi

trunk

ogwe

vegetable

akwụkwọ nri

vine

vaini

weed

ata

Related verbs
Ngwaa

to fertilize

Itinye fetịlaiza

---

to gather

ikpokọ

---

to grow

ito

---

to harvest

ọwụwe ịhe ubi

---

to pick

ịtụtụ

---

to plant

ịkọ osisi

---

to plow

ịgwu

---

to rake

ikpopu

---

to sow

ịkọ

---

to spray

ịgbasa

to water

ịgba mmịri

to weed

Ifopu ata

7) Meeting each other
7) Nzute ọnye ọbụla

Greetings/Introductions
Ekele/Nzute mbụ

Good morning

ụtụtụ ọma

Good afternoon

Ehihie ọma

Good evening

mgbede ọma

Good night

Ka chi bọ

Hi

Ndewo

Hello

ndewo

Have you met (name)?

ihụbuola (aha)?

Haven't we met?

anyị ahụbeghị?

How are you?

Kedu ka ịmere?

How are you today?

Kedu ka ịmere taa?

How do you do?

Kedu ka ịmere?

How's it going?

Kedu ka osi aga?

I am (name)

abụ m (aha)

I don't think we've met.

ọdịghị m ka anyị ahụbuola

It's nice to meet you.

ọbụ ịhe obi ụtọ ịmata gị

Meet (name)

Zute (aha)

My friends call me (nickname)

ndị enyi m na akpọ m (aha otutu)

My name is (name)

Aham bụ (aha)

Nice to meet you

ọdị mma izute gị

Nice to see you again.

ọdị mma ịhụ gị ọzọ

Pleased to meet you.

ọdịm utọ izute gị

This is (name)

ọnye a bụ (aha)

What's your name?

kedụ aha gị

Who are you?

ọnye ka ịbụ?

Greeting answers
Ọzịza ekele

Fine, thanks

Daalu, ịmeela

I'm exhausted

Ike gwuru m

I'm okay

adị m mma

I'm sick

ahụ adịghị m

I'm tired

Ike adịghị m

Not too bad

ọdịghị oke njọ

Not too well, actually

ịhe merenụ, ọdịchaghị mma

Very well

ọfụma

Saying goodbye
Ikwu ka emesịa

Bye

Ka emesịa

Good bye

Ka emesịa

Good night

Ka chi bọ

See you

anyị ga ahụ

See you later

anyị ga ahụ ma emesịa

See you next week

anyị ga ahụ n'izu na-abịanụ

See you soon

anyị ga ahụ nsonso a

See you tomorrow

anyị ga ahụ echi

Courtesy
Nnabata

Excuse me

chere

Pardon me

Gbaghara m

I'm sorry

adi m nwute

Thanks

daalụ

Thank you

daalụ

You're welcome

nnọọ

Special greetings
Ekele pụrụ iche

Congratulations

kongratuleshọn/ekele

Get well soon

Gbakee ọsọsọ

Good luck

Jisie ike

Happy New Year

Obi añụrị afọ ọhụrụ

Happy Easter

Obi añụrị easta

Merry Christmas

Obi añụrị ekeresimesi

Well done

ịmere nke ọma

Related verbs
Ngwaa

to greet

ịkele

---

to meet

izute

---

to say

ikwuu

---

to shake hands

ịkwe na aka

---

to talk

ikwuu

---

to thank

ịkele

---

8) House
8) Ụlọ

air conditioner

njụ oyi

---

appliances

Igwe eji ebi n'ụlọ

---

attic

atiki

---

awning

ọnịn

---

backyard

azụ-ụlọ

---

balcony

balkoni

---

basement

bazementị

---

bathroom

Ebe ana asa ahụ

---

bath tub

Bati tobu

bed

àkwà

bedroom

Ebe ndina

blanket

Mkpuchi oyi

blender

Igwe na-akwọịhe

blinds

mkpuchi

bookshelf/bookcase

shelfụ akwụkwọ

bowl

Efere ofe

cabinet

kabịnetị

carpet

kapetị

carport

karpọtụ

ceiling

sịlịnu

cellar

ụlọ mmanya

chair

oche

chimney

Ekwu ọkụ

clock

ịhe na-egosi oge

closet

klozetị

computer

Igwe kọmputa

couch

Oche ndabe

counter

kaunta

crib

Àkwà nwatakịrị

cupboard

Ebe ndobe iko

cup

iko

curtain

kọtịnu

desk

desikị

dining room

Ime-ụlọ ebe ana eri nri

dishes

efere

dishwasher

ọsa efere

door

uzọ

doorbell

mgbịrịgba ụzọ

doorknob

Aka-uzọ

doorway

ọnụ-uzọ

drapes

drepu

drawer

drọwa

driveway

draivuwe

dryer

draịa

duct

duktu

exterior

mpụta

family room

Ime-ụlọ ezinụlọ

fan

nkucha

faucet

fọcetị

fence

aja

fireplace

Ikwu ọkụ

floor

ala

foundation

ntọala

frame

framu

freezer

freeza

furnace

Nnukwu ọkụ

furniture

Ngwa ụlọ

garage

garajị

garden

ogige

grill

Ebe ana amị ịhe

gutters

goota

hall/hallway

họọlụ

hamper

hampa

heater

Ihe ekpomọkụ

insulation

insụleshọnụ

jacuzzi tub

Jakuzi tọbụ

key

ntụghe

kitchen

Ebe ana esi nri

ladder

lada

lamp

lampụ

landing

Ebe ndakwasa

laundry

Ebe ana asụakwa

lawn

lọọnụ

lawnmower

Ihe eji ekpọcha lọọnụ

library

ọba akwụkwọ

light

ọkụ

linen closet

clozetị nke linen

living room

Ime ụlọ ezumike

lock

nkpọchi

loft

lọftụ

mailbox

Igbe mailu

mantle

mantụlụ

master bedroom

Ebe ndina nke masta

microwave

maikrowevu

mirror

enyo

neighborhood

Agbata obi

nightstand

naitstandị

office

ụlọ-ọrụ

oven

ovunu

painting

eserese

paneling

panelịnụ

pantry

pantrị

patio

paatio

picnic table

Tabulu pikniki

picture

foto

picture frame

ịhe njide foto

pillow

piilo

plates

efere

plumbing

plọmbịnụ

pool

poolu

porch

pọchị

queen bed

Àkwà ezenwanyị

quilt

kwịltụ

railing

railịnụ

range

ranji

refrigerator

refirijiretọ

remote control

Rimotu kọntrolu

roof

Elu ụlọ

room

Ime -ụlọ

rug

rọgụ

screen door

ụzọ skriinu

shed

shedị

shelf/shelves

shelfụ

shingle

shingụlụ

shower

shawa

shutters

shọtasị

siding

saịdịnụ

sink

sịnkị

sofa

Oche ndabe

stairs/staircase

ngbago

step

nzoukwu

stoop

nhulata

stove

Ekwu igwe

study

omumu

table

tebulu

telephone

ekwenti

television

Igbe onyonyo

toaster

tosta

toilet

ụlọ mposi

towel

Akwa nhicha

trash can

Nkata ahịhịa

trim

wetunata

upstairs

elu

utility room

ụlọ utiliti

vacuum

vakumu

vanity

vaniti

vase

vesi

vent

oghere

wall

ahụ-aja

wardrobe

Ebe nkobe akwa

washer/washing machine

Igwe na-asụ akwa

waste basket

Nkata ahịhịa

water heater

Hita mmiri

welcome mat

Ute nnabata

window

windo

window pane

Windo penù

window sill

Windo silù

yard

yadi

Related verb
Ngwaa

to build

iruu

to buy

igotee

to clean

ifichaa

to decorate

idozii

to leave

ihapuu

to move in

ikwabata

to move out

ikwapu

to renovate

irughari

to repair

iruzii

to sell

ịre

to show

igosi

to view

ịlele

to visit

ịga nleta

to work

ịrụ-ọrụ

9) Arts and Entertainment
9) Nkà na Ntụrụndụ

3-D

3-D

---

action movie

Mmem nkiri

---

actor/actress

Nwoke omee ejije/nwanyị omee ejije

---

album

abọmu

---

alternative

Nke ọzọ

---

amphitheater

amfitieta

---

animation

anịmeshọnụ

---

artist

ọmenka

---

audience

ndị gbara nkiri

ballerina

ọnye na-agba baleti

ballet

baleti

band

bandị

blues

Buliuzu

caption

ndepụta isiokwu

carnival

ngagharịngosi

cast

ndị mere nkiri

choreographer

koriografa

cinema

ụlọ ngosi nkiri

classic

klasiiki

comedy

ntoochị

commercial

kọmashalu

composer

ọnye na-ede egwu

concert

konsatị

conductor

kọndụktọ

contemporary

kontempọrarị

country

obodo

credits

krediti

dancer

ọgbaa egwu

director

ọnye nduzi

documentary

dọkumentarị

drama

ejije

drummer

otigba

duet

duetị

episode

episodu

event

emume

exhibit

ngosi

exhibition

Emume ngosi

fair

ngosi

fantasy

Nruro efu

feature/feature film

Nkiri atụmatụ

film

nkiri

flick

fliki

folk

ọdịnanị

gallery

ebengosi

genre

ụdị

gig

gigi

group

otu

guitar

Egwu-ahịrị

guitarist

ọnye na-eti egwu ahịrị

hip-hop

hipọpụ

horror

ntụegwu

inspirational

inspirashọnalụ

jingle

jingụlụ

legend

akụkọ ndịịche

lyrics

lyrikisi

magician

ọnye na-eme anwansi

microphone

Igwe okwu

motion picture

Foto mmegharị

movie director

ọnye nduzi nkiri

movie script

Ederede ntuziaka nkiri

museum

mbarị

music

egwu

musical

ịhe egwu

musician

ọnye na-eti egwu

mystery

ịhe omimi

new age

Agba ọhụrụ

opera

ọpera

opera house

ụlọ ọpera

orchestra

ọchestra

---

painter

ọnye na-ese ihe

---

painting

eserese

---

parade

paradị

---

performance

ihe omume

---

pianist

ọnye na-akpọ piano

---

picture

foto

---

play

ejije

---

playwright

Ede egwuregwu

---

pop

pọpụ

---

popcorn

pọpụkọnụ

producer

ọnye na-emebe ịhe

rap

rapụ

reggae

regee

repertoire

repatọọ

rock

rọọkụ

role

roolu

romance

romansi

scene

agba

science fiction

ịhe ejije nke sayensị

sculpter

ọnye ji okwute akpụ ịhe

shot

shọtụ

show

ngosi

show business

azụmahịa ngosi

silent film

Ejije anaghị ekwu okwu na ya

singer

ọnye na-agụ egwu

sitcom

sitikọmụ

soloist

ọnye na-agu egwu otu onye

song

egwu

songwriter

ọnye na-ede egwu

stadium

stadịọmu

stage

steeji

stand-up comedy

Emume ịhe ọchị

television

Igbe onyonyo

TV show

ngosi TV

theater

ụlọ ejije

understudy

ịgụ maka

vocalist

ọnye na-agụ egwu

violinist

ọnye na-akpọ violịn

Related verbs
Ngwaa

to act

ịmee

---

to applaud

ịkụ-aka

---

to conduct

ịkuziri

---

to dance

ịgba-egwu

---

to direct

iduzi

---

to draw

ịse

---

to entertain

ịkpa obi ụtọ

---

to exhibit

ịgosipụta

---

to host

ịme nnabata

---

to paint

ịse

---

to perform

ịrụụ

---

to play

Isonye n'egwuregwu

---

to sculpt

ịkpuu

---

to show

ịgosii

---

to sing

ịgụ-egwu

---

to star

Isonye na nkiri

---

to watch

ikirii

---

10) Games and sports
10) Egwuregwu

ace

acè

---

amateur

ọnye na ámù-ámù

---

archery

Agbam ụta

---

arena

ọgbọ

---

arrow

ubé

---

athlete

ọnye na-esonye na egwuregwu

---

badminton

badịmintin

---

ball

bọọlụ

---

base
ọdọ

baseball
bazebọọlụ

basket
nkata

basketball
bọọlụ nkata

bat
batị

bicycle
ụgbọ-igwe

billiards
bịladị

bow
ụta

bowling
bọọlịnụ

boxing
ịkụ-ọkpọ

captain

ọnye isi ụgbọ

champion

ọnye mmeri

championship

asọmumpi

cleats

klitsị

club

klọbụ

competition

asọmumpi

course

kọọsụ

court

kọọtụ

cricket

kriketị

cup

iko

curling

kọlịnụ

cycling

ịgba igwe

darts

daatị

defense

mgbachite

diving

ịkwụ ụgba

dodgeball

bọọlụ ọzịze

driver

ọkwọ ụgbọ-ala

equestrian

ịkwestrịan

event

emume

fan

nkucha

fencing

fensịnụ

field

ubị

figure skating

fịgọ skatinụ

fishing

ịkụ azụ

football

futbọọlụ

game

egwuregwu

gear

gịa

goal

goolu

golf

gọlfụ

golf club

gọlfụ klọbụ

gym

Ebe mgbatị

gymnastics

ịme mgbatị

halftime

ọkara oge

helmet

Okpu mgbochi mmerụ-ahụ

hockey

họkị

horse racing

Iji ịnyịnya gbaa ọsọ

hunting

ịchụnta

íce skating

Ícè skatin

inning

ịnịnụ

jockey

jọki

judo

judo

karate

karatị

kayaking

kayakịnụ

kickball

kiikbọọlụ

lacrosse

lakrọsụ

league

otu

martial arts

mashalụ aatị

mat

uté

match

Nha egwuregwu

medal

nrite

net

neetị

offense

Mkpasu-iwe

Olympic Games

Egwuregwu olimpiki

pentathlon

pentatịlọnụ

pitch

piichị

play

ejije

player

ọnye ejije

polo

polo

pool

puulu

pool cue

Puulu kiu

professional

profeshọnalụ

puck

pọkụ

quarter

Nkẹji nkeanọ

race

ọsọ

race car

ụgbo-ala eji agba ọsọ

racket

raketị

record

rekọọdụ

referee

refirii

relay

ọso agba anọ

riding

ịnya

ring

ọla mkpịsị-aka

rink

rịnkị

rowing

ịkwọ ụgbọ-mmiri

rugby

rọgubi

running

ịgba ọsọ

saddle

sadulu

sailing

selinụ

score

akara

shuffleboard

shọfụlụ bọọdụ

shuttle cock

shọtulụ kọkụ

skates

Skeeti

skating

Skeetinu

skiing

skịyịnu

skis

skịyịzị

soccer

sọka

softball

sọftubọọlụ

spectators

ndị gbara nkiri

sport

egwuregwu

sportsmanship

asọmumpi egwuregwu

squash

skwashị

stadium

stadịọmu

surf

sọọfụ

surfboard

sọọfụ bọọdụ

swimming

Igwu-mmiri

table tennis/ping pong

Tabulu tenisi

tag

taagị

team

otu

tennis

tenisi

tetherball

teetabọọlụ

throw

ịtuu

track

traakị

track and field

traakị na fiildụ

volleyball

Volibọọlụ

water skiing

Skịyịnu mmiri

weight lifting

Ibuli-ibu

whistle

mkpọrohihi

win

imerii

windsurfing winner

ọnye mmeri windisọfa

wrestling

ịgba mgba

Related verbs
Ngwaa

to catch

ijide

to cheat

ịghọrị

to compete

ịsọmpi

to dribble

ịkpaghari bọọlụ

to go

ịgaa

to hit

itii

to jump

Iwunyi elu

to kick

ịgba-ụkwụ

to knock out

ịkụpụ

to lose

ị̀da

---

to play

Igwuri-egwu

---

to race

ị̀gba ọsọ

---

to run

ị̀gba ọsọ

---

to score

ị̀nwe akara

---

to win

imerii

---

11) Food
11) Nri

apple

apụl

bacon

anụ ezi amịrị-amị

bagel

bagelu

banana

unere

beans

agwa

beef

anụ ehi

bread

achịcha

broccoli

brokoli

brownie

brawụni

cake

keeki

candy

kandi

carrot

karọtụ

celery

seleri

cheese

chiizi

cheesecake

Chiizi keeki

chicken

ọkụkọ

chocolate

chọkọleti

cinnamon

sịnamọnụ

cookie

kuki

---

crackers

krakasi

---

dip

diipu

---

eggplant

anyara

---

fig

figi

---

fish

azụ

---

fruit

mkpụrụ-osisi

---

garlic

galiki

---

ginger

jinja

---

ham

hamụ

---

herbs

akwụkwọ ọgwu

honey

mmanụ-anwụ

ice cream

aisi krimụ

jelly/jam

Jellị/jamụ

ketchup

kechọpụ

lemon

Oroma nkịrịsị

lettuce

letus

moi moi

Mahi mahi

mango

mangoro

mayonnaise

mayọnesi

meat

anụ

melon

egwusi

milk

Mmiri-ara

mustard

mọstadị

noodles

nodulu

nuts

nọtụ

oats

ootu

olive

olivu

orange

oroma

pasta

passta

pastry

achịcha dị iche-iche

pepper

ose

pork

anụ ezi

potato

nduku

pumpkin

Mkpuru-ụgụ

raisin

resinu

sage

seji

salad

Saladi

salmon

salmọnụ

sandwich

sanwichi

sausage

sọseeji

soup

ofe

squash

anyu

steak

Ibe-anụ

strawberry

strọberị

sugar

shuga

tea

tii

toast

tostu

tomato

tomunto

vinegar

Mmanya gbakara-agbaka

vegetables

akwụkwọ-nri

water

mmiri

wheat

wiiti

yogurt

yogọtu

Restaurants and Cafes
Ụlọ oriri na ọñụñụ

a la carte

Inye ori dị

a la mode

A la modu

appetizer

apetiza

bar

ụlọ mmanya

beverage

ihe ọñụñụ

bill

ụgwọ

bistro

bisitro

boiled bowl

Efere esiri n'ọkụ

braised

braize

breakfast

Nri-ụtụtụ

brunch

brọnchị

cafe/cafeteria

caafee

cashier

ọkwụ ego

chair

oche

charge

ụgwọ aga akwụ

check

cheekị

chef

Osi nri

coffee

kọfee

coffee shop

ahịa kọfee

condiments

ịhe eji esi nri

cook

Osi nri

courses

kọsisi

credit card

kaadị akwụmụgwọ

cup

iko

cutlery

ịhe eji eri nri

deli/delicatessen
deeli

dessert
ịhe eji emeghari ọnụ

dine
Rie

diner
ụlọ nri

dinner
Nri abalị

dish
Efere

dishwasher
ọsa efere

doggie bag
Akpa dọgi

drink
Mmanya

entree
Oriri mbu

food

Nri

---

fork

fọọkụ

---

glass

Glassi

---

gourmet

Goometị

---

hor d'oeuvre

ọọ d'evvu

---

host/hostess

ọnye nnabata

---

knife

mmà

---

lunch

Nri-ehihie

---

maitre d'

Maitre d'

---

manager

ọnye njikwa

---

menu

Nri enwere

mug

mọọgụ

napkin

napukịnụ

order

usoro

party

mkpọkọta mmadụ

plate

efere

platter

Efere sara mbara

reservation

ndoputa

restaurant

ụlọ oriri na ọñụñụ

saucer

sọọsa

server

ọnye nkesa

---

side order

N'akụkụ

---

silverware

Ngwa nri sịlva

---

special

ọpuru iche

---

spoon

ngazị

---

starters

mbido

---

supper

Nri-mgbede

---

table

tebulu

---

tax

ụtụ

---

tip

ngaazụ

---

to go

ịgaa

utensils

utensulu

waiter/waitress

nwoke na-ebu nri/nwanyị na-ebu nri

Related verbs
Ngwaa

to bake

ịbeki

to be hungry

ịnọ na-agụụ

to cook

Isi nri

to cut

ịbee

to drink

ịnwụụ

to eat

irii

to eat out

Iri-nri n'ezi

to feed

ízù nri

to grow

itoo

to have breakfast

Iri nri ụtụtụ

to have lunch

Iri nri ehihie

to have dinner

Iri nri abalị

to make

ịmee

to order

ịtụụ

to pay

ịkwụ ụgwọ

to prepare

ikwadoo

to request

ịrịọ

to reserve

idoputa

to serve

ịkesaa

to set the table

Idozi tebulu

to taste

ịdetụ n'ire

12) Shopping
12) Azụmahịa

bags

akpa

---

bakery

Ebe ana eme achịcha

---

barcode

baakoodu

---

basket

nkata

---

bookstore

Ebe ana ere akwụkwọ

---

boutique

Ebe ana ere akwa

---

browse

ịleghari anya

---

buggy/shopping cart

Nkata eji azụahịa

---

butcher

ọnye na-egbu anụ

buy

gote

cash

ego

cashier

ọkwuu ego

change

Chenji

changing room

ụlọ nlele akwa

cheap

ọnụ àlà

check

cheekị

clearance

nwechapụ

coin

Ego igwe

convenience store

Ebe ana ere ịhe dị mkpa n'ụlọ

counter

Tabulu ebe ana akwụ- ụgwọ

credit card

kaadị akwụmụgwọ

customers

ndị na-egote ịhe

debit card

kaadị akwụmụgwọ

delivery

mwegaara

department store

Ebe ana ere ịhe n'ngalaba

discount

mwepụ ego

discount store

ụlọ ahịa mwepụ eyo

drugstore/pharmacy

Ebe ana ere ọgwụ

electronic store

Ebe ana ere elektrọniki

escalator

eskaletọ

expensive

Oke ọnụ

flea market

ahịa ịhe eyigoro

florist

Ebe ana ere ifuru

grocery store

Ebe ana ere ịhe nri

hardware

ngwaike

jeweler

ọnye na-ere gooldu

mall

Nnukwu ụlọ ahịa

market

ahịa

meat department

Ngalaba anụ

music store

Ebe ana ere egwu

offer

enye

pet store

Ebe ana ere anụ-ụlọ

purchase

gote

purse

Obere akpa

rack

raakị

receipt

akwụkwọ ngwa ahịa

return

mwechigha

sale

ọnụahịa

sales person

ọnye ahịa

scale

Ịgwe nlele ọnụọgụgụ

size

saiz

shelf/shelves

shelfụ

shoe store

Ebe ana ere akpụkwụ

shop

shọọpụ

shopping center

ụlọ ahịa

store

ụlọ ahịa

supermarket

ụlọ ahịa

tailor

ọnye na-akwa akwa

till

Ka/mgbe

toy store

ahịa ịhe egwuregwu ụmụaka

wallet

Obere akpa eji etinye ego

wholesale

ịre ịhe n'ogbe

Related verbs
Ngwaa

to buy

igotee

to charge

ịgba ụgwọ

to choose

ịhọrọ

to exchange

ịme ntụgharị

to go shopping

ịga ahịa

to owe

Iji-ụgwọ

to pay

ịkwụụ

to prefer

ịhọrọ

to return

iwechigha

to save

ịzọpụta

to sell

ịre ịhe

to shop

izụ ahịa

to spend

imefuego

to try on

iyinye

to want

ịchọọ

13) At the Bank
13) N'Ụlọ akụ

account

akaụntụ

APR/Annual Percentage Rate

APR/ọnụego pasent kwa afọ

ATM/Automatic Teller Machine

ATM/igwe ndọrọ ego

---

balance

Nke fọrọ afọ

---

bank

ụlọ akụ

---

bank charges

ụgwọ ụlọ akụ

---

bank draft

Draafụtụ ụlọ akụ

---

bank rate

ọnụego ụlọ akụ

---

bank statement

Nkwuputa ụlọ akụ

borrower

ọnye mgbazi

bounced check

cheekị mere mbịaghachi

cardholder

ọnye nwe kaadị

cash

ego

cashback

Nnyeghachi ego

check

cheekị

checkbook

akwụkwọ cheekị

checking account

ịlele akaụntụ

collateral

ịhe nnochianya

commission

kọmishọnụ

credit

krediti

credit card

kaadị akwụmụgwọ

credit limit

ngwụcha krediti

credit rating

ọnụego krediti

currency

ego

debt

ụgwọ

debit

debiti

debit card

kaadị akwụmụgwọ

deposit

Itinye ego

direct debit

Debiti kpọmkwem

direct deposit

itinye ego kpọmkwem

expense

Ntunye ego

fees

ego

foreign exchange rate

ọnụego ntụgharị mba-ọzọ

insurance

mkpuchi

interest

Elele/mpetụ

Internet banking

mkparịta ụlọ akụ na ịntanetị

loan

Obibi ego

money

ego

money market

ahịa ego

---

mortgage

nnyefe

NSF/Insufficient Funds

NSF/ego ezughiezu

---

online banking

mkparịta ụlọ akụ na ịntanetị

---

overdraft

ovadraftụ

---

payee

ọkwuu ụgwọ

---

pin number

Pin nọmba

---

register

ndekọ aha

---

savings account

akaụntụ ego ndobe

---

statement

nkwuputa

---

tax

ụtụ

telebanking

mkparịta ụlọ akụ na telefonu

teller

ọkwụ ụgwọ

transaction

azụmahịa

traveler's check

cheekị ọnye njem

vault

vọlụtụ

withdraw

ịdọrọ

Related verbs
Ngwaa

to borrow

ịgbaziri

to cash

Iwere ego

to charge

Igba ụgwọ

to deposit

Itinye ego

to endorse

Ibinye aka

to enter

ibanye

to hold

ijide

to insure

ikpuchi

to lend

ibinye

to open an account

imepe akaụntụ

to pay

ikwuu

to save

izọpụta

to spend

imefuego

to transfer money

ịnyefe ego

to withdraw

ịdọrọ ego

14) Holidays
14) Oge ezumike

balloons

Borom borom

calendar

kalenda

celebrate

inwe obi añụrị

celebration

mmemme

commemorating

Mmemme nlota

decorations

ichoo mma

family

ezinụlọ

feast

erimeeri

federal

gọọmentị etiti

festivities

Mmemme dị iche-iche

fireworks

Mmemme ọkụ

first

izizi/mbụ

friends

ndị enyi

games

egwuregwu

gifts

onyinye

heroes

Ndi odogwu

holiday

ezumike

honor

Nkwanye ugwu

national

Nke-ala

parade

Mmemme ngaghari̩

party

mkpo̩ko̩ta mmadu̩

picnics

piknik

remember

ncheta

resolution

mkpebi

traditions

o̩menala

American Holidays (according to the Calendar)
Oge ezumike ndi Amerika n'usoro nhazi nke kalenda

New Year's Day

u̩bo̩chi̩ mmemme afo̩ o̩hu̩ru̩

Martin Luther King Jr. Day

u̩bo̩chi̩ ncheta Martin Luther King Jr.

Groundhog Day

ụbọchị ncheta grawundu họgụ

Valentine's Day

ụbọchị Valentainụ

St. Patrick's Day

ụbọchị ncheta ọnye nsọ Patiriki

Easter

ụbọchị ncheta mbilite n'ọnwụ Jesu Kristi

April Fool's Day

ụbọchị nzuzu Aprelu

Earth Day

ụbọchị ncheta ụwa

Mother's Day

ụbọchị ncheta ndị nne

Memorial Day

ụbọchị ncheta ndị nwụrụ n'agha

Father's Day

ụbọchị ncheta ndị nna

Flag Day

ụbọchị ncheta ọkọlọta

Independence Day/July 4th

ụbọchị ncheta nnwere onwe

Labor Day

ụbọchị ndị ọrụ

Columbus Day

ụbọchị ncheta Kolumbus

Halloween

ụbọchị ncheta ndị nwụrụ anwụ

Veteran's Day

ụbọchị ncheta ndị okenye fere ala nna ha

Election Day

ụbọchị nhọpụta

Thanksgiving Day

ụbọchị ekene

Christmas

ụbọchị ncheta ọmụmụ Jesu Kristi

Hanukkah

ụbọchị mmemme Hanukkah

Related verbs
Ngwaa

to celebrate

ịnwe obi añụrị

to cherish

ịtụ n'anya

to commemorate

ichetaa

to cook

isii

to give

ịnye

to go to

ịgaa

to honor

ịkwanye ugwu

to observe

ịleru-anya

to party

ịme mmemme

to play

Igwu-egwu

to recognize

ịmata

to remember

icheta

to visit

ịga nleta

15) Travelling
15) Ime njem

airport

ọdụ ụgbọ-elu

backpack

Akpa àzú azụ

baggage

ibu

boarding pass

Ikike ngafe

business class

klaasị azụmahịa

bus station

ọdụ ụgbọ-ala

carry-on

Gaba n'ihu

check-in

Ndebanye mbata

coach

koochi

cruise

Kruuzu

depart/departure

ịpụ-apụ

destination

Ebe ana eje

excursion

Njem mmuta

explore

Njem ịchọpụta

first class

klaasị mbu

flight

Njem ụgbọ-elu

flight attendant

Ojee ozi na njem ụgbọ-elu

fly

ịfe-efe

guide

ọnye nduzi

highway

Okporo ụzọ mbasara

hotel

họteelụ

inn

ọbere họteelụ

journey

njem

land

Ala

landing

nlọdata

lift-off

ibupu

luggage

ibu

map

maapụ

move

ịnọgharị

motel

ụlọ ndina

passenger

ọnye ije

passport

akwụkwọ njem

pilot

ọnye na-anya ụgbọ-elu

port

ọdụ ụgbo-mmiri

postcard

akwụkwọ-ozi

rail

Okporo igwe

railway

Okporo ụzọ ụgbọ-oloko

red-eye

Anya mme-mme

reservations

ndopụta

resort

resọtụ

return

mwechigha

road

Okporo-ụzọ

roam

ịgaghari

room

Ime-ụlọ

route

ụzọ

safari

Njem ileta ụmụ-anụmanụ

sail

ọpụpụ ụgbọ-mmiri

seat

oche

sightseeing

ịleghaṛị anya

souvenir

ịhe ncheta

step

nzọụkwụ

suitcase

Akpa akwa

take off

gbapụ

tour

njem

tourism

Njem nlegharị anya

tourist

ọnye njem nleta

traffic

trafiki

trek

Iji ụkwụ mee njem

travel

ịme njem

travel agent

ọnye na-ahụ maka njem

trip

njem

vacation

ezumike

voyage

njem

Modes of Transportation
Uzọ esi eme njem

airplane/plane

ụgbọ-elu

automobile

ụgbọ-ala

balloon

Borom borom

bicycle

ụgbọ-igwe

boat

ụgbọ-mmiri

bus

ụgbọ-ala

canoe

ụgbọ-amara

car

ụgbọ-ala

ferry

ụgbọ-mmiri

motorcycle

ọgbaatumtum

motor home

ụlọ ụgbọ

ship

Nnukwu ụgbọ-mmiri

subway

ụzọ ụgbọ-oloko

taxi

ụgbọ-ala

train

ụgbọ-oloko

van

ụgbọ-ala

Hotels
Họteelụ

accessible

ịnwetaa

airport shuttle

ụgbọ mkpaghari nke ọdụ ụgbọ-elu

all-inclusive

Ha nile sonyere

amenities

ịhe ndị eji enyere ndụ aka

balcony

Mbara ihu ụlọ

bathroom

Ebe ana asa ahụ

beach

Osimmiri mgwuputa

beds

àkwà

bed and breakfast

Akwa na nri-ụtụtụ

bellboy/bellhop

Nwata n'ebu íbú

bill

ụgwọ

breakfast

Nri-ụtụtụ

business center

Etiti azụmahịa

cable/satellite tv

Kabul/satịịlaiti TV

charges (in-room)

ụgwọ

check-in

Ndebanye mbata

check-out

Ndebanye ọpụpụ

concierge

Odibo ndị bi n'ụlọ

Continental breakfast

Nri-ụtụtụ site na mpaghara

corridors (interior)

kọrịdọ

doorman

ọnye na-emepere ndị mmadụ ụzọ

double bed

akwa gbara mkpị

double room

Ime-ụlọ gbara mkpị

elevator

Igwe mbugo

exercise/fitness room

Ebe mgbatịahụ

extra bed

Akwa mmezi

floor

Ala nkiti

front desk

Oche ihu

---

full breakfast

Nri-ụtụtụ zuru-ezu

---

gift shop

Ebe ana ere ịhe onyinye

---

guest

ọnye ọbịa

---

guest laundry

ịsa akwa ọnye ọbịa

---

hair dryer

Draya ntùtù

---

high-rise

Elu ịrị-elu

---

hotel

họteelụ

---

housekeeping

ịlekọta ụlọ

---

information desk

Oche ọmụma

---

inn

ọbere họtelụ

in-room

N'ime ụlọ

internet

ịntanetị

iron/ironing board

Osisi eji ede akwa

key

Ntughe/igodo

king bed

Akwa eze

lobby

lọbii

local calls

Oku mpaghara

lounge

Ebe ezumike

luggage

ibu

luxury

okomoko

maid

Odibo nwanyị

manager

ọnye njikwa

massage

ịhịa aka n'ahụ

meeting room

ụlọ nzukọ

microwave

Ngwa ndakwa nri

mini-bar

ọbere ụlọ mmanya

motel

ụlọ ndina

newspaper

akwụkwọ akụkọ ụwa

newsstand

ọdụ akwụkwọ akụkọ ụwa

non-smoking

Ebe anaghị ese anwụrụ

pets/no pets

anụ-ụlọ/achọghị anụ-ụlọ

pool - indoor/outdoor

Puulu – ime-ụlọ/azụ-ụlọ

porter

Obu-íbú

queen bed

Akwa ezenwanyị

parking

Ndobe ụgbọ-ala

receipt

akwụkwọ ngwa-ahịa

reception desk

Oche nnabata

refrigerator (in-room)

refrijiratọ (ime-ụlọ)

reservation

ndopụta

restaurant

ụlọ oriri na ọñụñụ

room

Ime-ụlọ

room number

nọmba ime-ụlọ

room service

Ndokwa ime-ụlọ

safe (in-room)

enweghị nsogbu

service charge

ụgwọ ozi

shower

shọwa

single room

Ime-ụlọ otu

suite

ụlọ

tax

ụtụ

tip

ngaazụ

---

twin bed

Akwa gbara mkpị

---

vacancy/ no vacancy

ọhere/ọhere adịghị

---

wake-up call

òkù ịteta n'ụra

---

whirlpool/hot tub

Puulu na-ekpo ọkụ

---

wireless high-speed internet

ịntanetị na-agbasi ike

Related verbs
Ngwaa

to arrive

ịbịarutee

---

to ask

ịjuu

---

to buy

igotee

---

to catch a flight

Ịsonye na njem ụgbọ-elu

to change

ịgbanwe

to drive

ịnyaa

to find

ịchọtaa

to fly

ịfe-efe

to land

Iru ala

to make a reservation

idopụta

to pack

ịkwakọọ

to pay

ịkwụụ

to recommend

ịkwadoo

to rent

ịgbazite

to see

ịhuu/ifụụ

to stay

ịnọdụ

to take off

ịgbapụ

to travel

ịme njem

to swim

Igwu-mmiri

16) School
16) Ụlọ akwụkwọ

arithmetic

mgbakọ na nwepụ

assignment

ịhe omume

atlas

atịlasị

backpack

Akpa azụ

binder

ịhe nragide

blackboard

bọọdụ ojii

book

akwụkwọ

bookbag

Akpa-akwụkwọ

bookcase

shelfụ-akwụkwọ

bookmark

mpịaji akwụkwọ

calculator

ịhe mgbakọ na nwepụ

calendar

kalenda

chalk

nzu

chalkboard

bọọdụ nzu

chart

chaatị

class clown

ọme ịhe ọchị klaasị m

classmate

Nwa klaasị m

classroom

klaasị

clipboard

bọọdụ klipụ

coach

nchịkwa

colored pencils

pensụlụ nwere ụcha

compass

kọmpasị

composition book

akwụkwọ edemede

computer

Igwe kọmputa

construction paper

akwụkwọ eji arụ ịhe

crayons

krayọnụ

desk

oche

dictionary

akwụkwọ nkọwaokwu

diploma

diplọma

dividers

ịhe nkewa

dormitory

ụlọ obibi

dry-erase board

bọọdụ nhicha akpọmụnkụ

easel

ịzụlụ

encyclopedia

akwụkwọ nka ịhe ọmụma

english

oyibo

eraser

nchicha

exam

ule

experiment

nnwale

flash cards

Flaashị kaadị

folder

folda

geography

ọdịdị ala

globe

ụwa

glossary

okwunkọwa

glue

gluu

gluestick

Osisi gluu

grades, A, B, C, D, F, passing, failing

Greedi, A,B,CH,D,F, ngafe, ọdịda

gym

Ebe mgbatị ahụ

headmaster

ọnye isi ụlọ akwụkwọ nke primarị

highlighter

Isi ngosipụta

history

akụkọ ịhe mere eme

homework

ịhe omume

ink

ịnkị

janitor

jaanịtọ

Kindergarten

ụlọ akwụkwọ ọbere ụmụnta

keyboard

kiibọọdụ

laptop

laptọọpụ

lesson

ịhe ọmụmụ

library

ọba akwụkwọ

librarian

ọnye nlekọta ọba akwụkwọ

lockers

Igbe mkpuchi

lunch

Nri-ehihie

lunch box/bag

Igbe nri-ehihie

map

maapụ

markers

maaka

math

mgbakọ na nwepụ

notebook

akwụkwọ eji ede ịhe

notepad

Mkpirisi akwụkwọ eji ede ịhe

office

ụlọ ọrụ

paper

akwụkwọ

paste

maado

pen

mkpịsị odee

pencil

pensụlụ

pencil case

Okpokoro pensụlụ

pencil sharpener

ịhe eji apịcha pensụlụ

physical education/PE

mmụta gbasara anụ-ahụ

portfolio

pọtụfolio

poster

posta

principal

ọnye isi ụlọ akwụkwọ nke sekọndarii

professor

ọkaa na mmụta

project

arụmarụ

protractor

protraaktọ

pupil

Nwata akwụkwọ

question

ajụjụ

quiz

Ajua azaa

read

gụọ

reading

ịgụ akwụkwọ

recess

ezumike

ruler

rula

science

sayensị

scissors

agụba

secretary

Ode akwụkwọ

semester

ọkara afọ agụmakwụkwọ

stapler

stepụla

student

Nwata akwụkwọ

tape

teepu

teacher

ọnye nkuzi

test

ule

thesaurus

tesarụs

vocabulary

vokabụlarị

watercolors

ụcha mmịri

whiteboard

bọọdụ ọcha

write

dee

Related Verbs
Ngwaa

to answer

ịzaa

to ask

ịjụụ

to draw

ịsee

to drop out

ịdachapụ

to erase

ịhichasị

to fail

ịda

to learn

ịmụ

to pass

ịgafe

to play

ịgwu-egwu

to read

ịgụụ

to register

ịdebanye aha n'akwụkwọ

to show up

Ngosi onwe

to sign up

ịdebanye aha

to study

ịmụụ

to teach

ịkuzii

to test

ịnwale

to think

ịche-echiche

to write

ịdee

17) Hospital
17) Ụlọ Ọgwụ

ache

mgbuu

acute

nnukwu

allergy/allergic

Nke ahụ anataghị

ambulance

ụgbọ ịhe mberede

amnesia

Obi nchefu

amputation

mbepụ akụkụ-ahụ

anaemia

ọbara ịkọ n'ahụ

anesthesiologist

ọnye na-ahụ maka nkụnwụ-ahụ

antibiotics

ọgwụ nje

anti-depressant

ọgwụ na egbochi obi ịdamba

appointment

nzukọ akaraka

arthritis

ụkwụ mgbu

asthma

ụkwara ume okuku

bacteria

bakteria

bedsore

ọnya akwa

biopsy

biọpsi

blood

ọbara

blood count

ịgụ-ọnụ ọbara

blood donor

ọnye na-enye ọbara

blood pressure

ọbara mgbali

blood test

Ule ọbara

bone

ọkpụkpụ

brace

Nkwado eze

bruise

apa

Caesarean section (C-section)

ịbewa afọ wee kuputa nwa

cancer

kansa

cardiopulmonary resuscitation (CPR)

ịkpọte ọnye obi mapụrụ

case

nsogbu

cast

ịhe eji agba ọkpụkpụ

chemotherapy

ọgwụ maka kansa

coroner

korona

critical

Nnukwu nsogbu

crutches

mkpara

cyst

ahụ òtùtù

deficiency

Erughi-eru

dehydrated

akpịrị ịkpọ nkụ

diabetes

ọrịa shuga

diagnosis

nchọpụta

dietician

ọkaa n'ịhe gbasara nri

disease

ọrịa

doctor

dọkịta

emergency

mberede

emergency room (ER)

Ebe ana ahụ maka ịhe mberede

exam

ule

fever

ahụ-ọkụ

flu (influenza)

fluu

fracture

Mgbaji ọkpụkpụ

heart attack

Obi mmapụ

hematologist

ọnye na-ahụ maka ịhe gbasara ọbara

hives

ụlọ añụ

hospital

ụlọ ọgwụ

illness

ọrịa

imaging

ịse onyonyo

immunization

ịgba ọgwụ mgbochi

infection

ọrịa

Intensive Care Unit (ICU)

ụlọ nlekọta kpụ ọkụ n'ọnụ

IV

ọgwụ ana agba n'akwara

laboratory (lab)

laabụ

life support

Njide ndụ

---

mass

ótútú ọkpụrụkpụ

---

medical technician

ọnye na-arụ n'ụlọ ọgwụ

---

neurosurgeon

dọkịta na-ahụ maka ọrịa akwara

---

nurse

nọọsụ

---

operating room (OR)

Ebe dọkịta na-awa akụkụ-ahụ

---

operation

ịwa akụkụ-ahụ

---

ophthalmologist

ọnye na-ahụ maka ọrịa anya

---

orthopedic

Ebe ana agba ọkpụkpụ

---

pain

mgbu

---

patient

ọnye àhụ adịghị

pediatrician

ọnye na-ahụ maka ọrịa ụmụntakịrị

pharmacist

ọnyc gụrụ maka ọgwụ

pharmacy

ụlọ ebe ana enye ọgwụ

physical Therapist

Terapi nke àhụ

physician

ọnye na-ahụ ndị ọrịa

poison

nsi

prescription

ịma ìwú ọgwụ

psychiatrist

ọnye na-ahụ maka ndị ara

radiologist

ọnye na-ahụ maka nnyocha ime ahụ

resident

rezidentị

---

scan

nnyocha

---

scrubs

ndị nhicha

---

shots

ọgbụgba ole

---

side effects

mmetụta

---

specialist

dọkịta ọkachamara

---

stable

ọnọdụ dị mma

---

surgeon

dọkịta na-awa akụkụ ahụ

---

symptoms

mgbaama

---

therapy

terapi

---

treatment

ọgwụgwọ

vein

akwara

visiting hours

Oge nleta

visitor

ọnye nleta

wheelchair

Oche nkwaghari̱

x-ray

x-ray

Related verbs
Ngwaa

to bring

i̱weta

to cough

i̱kwa ụkwara

to examine

i̱nyochaa

to explain

ịkọwaa

to feel

ịnwe mmetuta

to give

ịnyee

to hurt

ịmerụụ

to prescribe

ịma ìwú ọgwụ

to scan

ịnyochaa

to take

ịnara

to test

ịlele

to treat

ịgwọ

to visit

ịleta

to wait

ịchere

to x-ray

ịga na x-ray

18) Emergency
18) Mberede

accident

ịhe mberede

---

aftershock

afụtashọkụ

---

ambulance

ụgbọ ịhe mberede

---

asthma attack

ụkwara ume okuku bịara n'ike

---

avalanche

avalanchị

---

blizzard

egbe-eluigwe

---

blood/bleeding

ọbara/ohuhu-ọbara

---

broken bone

ọkpụkpụ gbajiri agbaji

---

car accident

ịhe mberede okporo ụzọ

chest pain

Obi mgbu

choking

ịhe mgbado

coast guard

ọnye nche ụsọ oke osimmiri

crash

ọkụkụ ịhe

diabetes

ọrịa shuga

doctor

dọkịta

drought

Unwu

drowning

Mmiri iri mmadụ

earthquake

àlà ọma jịji

emergency

mberede

emergency services

ọrụ mberede

EMT (emergency medical technician)

ọnye ọrụ na-aza oku mberede

explosion

mgbawa

fight

ọgụ

fire

ọkụ

fire department

Ngalaba mgbanyụ ọkụ

fire escape

ụzọ mgbapụ ma ọkụ gbaba

firefighter

ndị na-agbanyụ ọkụ

fire truck

ụgbọ-ala eji agbanyụ ọkụ

first aid

Mgbata ọsọ enyemaka mbụ

flood

Iju mmiri

fog

fọọgụ

gun

egbe

gunshot

Mgba egbe

heart attack

Obi mmapụ

heimlich maneuver

nghọgbu nke heimlichị

help

enyemaka

hospital

ụlọ ọgwụ

hurricane

Oke ifufe

injury

mmerụ ahụ

ladder

obe

lifeguard

ọnye nche mmiri

life support

Njide ndụ

lightening

Egbe-igwe

lost

ofufu

mudslide

ọdịda aja-ụpa

natural disaster

ọdachi

nurse

nọọsụ

officer

ọnye ọrụ

paramedic

ndị ngbata ọsọ n'ịhe mberede

poison

nsì

police

ọnye uwe ojii

police car

ụgbọ-ala ọnye uwe ojii

rescue

nnapụta

robbery

ohi

shooting

ịgba égbè

stop

nkwụsị

storm

Oke ifufe

stroke

ọrịa stroku

temperature

tempurechọ

thief

ọnye ohi

tornado

tọnado

tsunami

suunami

unconscious

amaghị onwe

weather emergency

Mberede ụdịdị-ụbọchị

Related verbs
Ngwaa

to bleed

ịgba-ọbara

to break

ịmebi

to breathe

ịku-ume

to burn

Isu-ọkụ

to call

ịkpọ

to crash

ịkụ

to cut

ịbe

to escape

ịgbapụ

to faint

Ikubi-ume

to fall

ịda

to help

ịnyere-aka

to hurt

ịmerụ

to rescue

ịnapụta

to save

ị̦zọ̦pụ̦ta

to shoot

ị̦gba

to wheeze

ị̦ze uzere

to wreck

ị̦mebi

www.ingramcontent.com/pod-product-compliance
Lightning Source LLC
La Vergne TN
LVHW051624080426
835511LV00016B/2159